오늘의문학시인선 392

광화문 촛불

봉주르 박봉주 시조집

오늘의문학사

국립중앙도서관 출판시도서목록(CIP)

광화문 촛불 : 박봉주 시조집 / 지은이: 박봉주. -- 대전 : 오늘의문학사, 2017
  p. ;   cm. -- (오늘의문학시인선 ; 392)

대전문화재단과 대전광역시에서 사업비 일부를 지원받음
ISBN 978-89-5669-817-5 03810 : ₩10000

한국 현대 시조[韓國現代時調]

811.36-KDC6
895.715-DDC23   CIP2017011061

광화문 촛불

■ 서문

시산(詩山) 등정기 · 5

다시 시산(詩山)[1]을 오른다. 누구는 내가 산을 떠났다고도 했다. 누구는 아예 산을 다시 오르지 않을 것이라고 시뻐[2]했다. 잠시 어긋나고 비꾸러지긴 했지만 옆길도 가고 싶은 호기심에 이곳저곳 다녀보았다. 그런 산행도 나에게는 시산의 밑절미를 키우는 체력이 될 것으로 믿었기에 주저하지 않고 다녔다.

그 산을 나는 시산이 아닌 요산(樂山)[3]이라고 부르고 싶다. 그 요산도 시산을 오르는 것처럼 계획을 세우고, 체력을 기르며, 용을 써야만 잘 오를 수 있는 댕댕한 산이었기에 시산과 크게 다르지는 않았다.

요산을 오르는 동안 어떤 길에서는 깊고 푸른 호수도 만났고 호수의 넓은 마음을 가져보기도 했다. 어떤 길에서는 된비알[4]도 만났다. 암벽을 딛고 극터듬어 오르는 고통도 있었지만 멧부리에서 내려다보는 기쁨을 맛보며 한 점 바

---

1) 詩山 : 시 쓰는 일을 산에 오르는 것으로 비유.
2) 시뻐하다 : 못 마땅히 생각하다.
3) 요산(樂山) ; 시산(詩山)의 상대어로써 유머를 만들고 강의했다는 뜻
4) 된비알 : 험하고 거친 비탈

람에 땀을 씻기도 했다. 오히려 낯선 산이었기에 더욱 흥미를 가지고 즐겁게 올랐던 것 같다.

   다시 시산(詩山)을 찾았다. 그러나 시산에 오를수록 발길을 잡고, 마음을 눌렀던 건 오랜만에 오르는 너볏한[1] 시산이 아니라 왜나간 환경이었다. 세상의 좁은 광장에서 수많은 사람들이 연일 맞문할 텐데도 불구하고 촛불은 곰비임비[2] 모여져서 어둠을 밝히고 있었다. 곧 꺼지겠지 생각했지만 바람이 불고, 비가 오고, 눈이 내렸는데도 오히려 그것들이 벗닿게[3] 되었는지 더욱 거세게 타올랐다.
   때로는 그 빛이 나의 양심이라고 생각을 했다.
   때로는 그 빛이 하늘의 북극성이 될 것이라고 생각을 했다.

2017년 5월, 봉주르 박봉주

---

1) 너볏하다 : 모양이 꼭 제격에 어울려서 맞다.
2) 곰비임비 : 일이나 물건이 거듭 모이는 모양
3) 벗닿다 : 나뭇조각이나 숯이 여럿이 한데 닿아서 불이 일어나게 되다.

| 서문 ——————————— 4

제1부 광화문 촛불

빛의 광야로 ——————— 13
꽃등 ————————————— 14
장미꽃 ———————————— 15
국격(國格) —————————— 16
촛농 ————————————— 17
뜨거운 사랑 ————————— 18
빛·달·길 —————————— 19
빛의 말씀 —————————— 20
가을비 ———————————— 21
입동 지나 —————————— 22
소등 ————————————— 23
첫눈 ————————————— 24
탄핵 전야(前夜) ——————— 25
지탄(指彈) 너머 ——————— 26
가로등 ———————————— 27
허사비 ———————————— 28
병신년(丙申年) ——————— 29
겨울냉이 —————————— 30
조류독감 —————————— 31
대리운전 —————————— 32
성탄 이브 —————————— 33

제2부 고향 사랑

고향 길 ——————————— 37
해 돋는 마을 ——————————— 38
고향 친구 ——————————— 40
바다를 퍼주는 집 ——————————— 41
자락당(自樂堂)에서 ——————————— 42
설악산 단풍·1 ——————————— 43
설악산 단풍·2 ——————————— 44
설악산 단풍·3 ——————————— 45
설악산 단풍·4 ——————————— 46
설악산 단풍·5 ——————————— 47
설악산 낙엽 ——————————— 48
일획(一劃)·1 ——————————— 49
일획(一劃)·2 ——————————— 50
일획(一劃)·3 ——————————— 51
폭포·1 ——————————— 52
폭포·2 ——————————— 53
소풍 ——————————— 54

제3부 대전 사랑

화수분(河水盆)의 산, 식장산 —— 57
절제의 산, 식장산 —— 58
우암사적공원에서 —— 59
계족산 황톳길 —— 60
보물의 정원, 보문산 —— 62
소통의 산, 수통골 · 1 —— 63
동행의 산, 수통골 · 2 —— 64
낮달 —— 65
내 사랑의 방정식 —— 66
호수의 그림 두 편 —— 67
호수에 그린 수묵화 —— 68
봄과 여름 사이 —— 69
수해지역 —— 70

제4부 달빛 사랑

시화전(詩畵展)	73
여백(餘白)	74
이산가족 · 1	75
이산가족 · 2	76
이산가족 · 3	77
갈대 · 1	78
갈대 · 2	79
갈대 · 3	80
갈대 · 4	81
달빛사랑	82
연꽃 · 1	83
연꽃 · 2	84
연꽃 · 3	85
연꽃 · 4	86

제5부 다산 사랑

다산초당에서 ──────────── 89
강진 사의재(四宜齋)에서 ──────── 90
팽목항 붉은 등대 ────────── 91
어머니의 품, 장흥 ─────────── 92

작품해설 | 이도현
 시대의 아픔을 촛불로 승화한 사랑의 美學 ───── 94

제1부

광화문 촛불

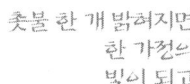

촛불 한 개 밝혀지면
한 가정의
빛이 되고

촛불 한 개 모아지면
한 동네의
달이 되고

백만 개 촛불의 뜻은
한 국가의
길이 된다.

- 빛·달·길

빛의 광야로
– 광화문 촛불·1

나 없고 너 없으면
백만 송이 시든 꽃이라며
텅 빈 들녘 광화문에
바람만 펄럭이고
눈길은
서글픈 조국
나뒹구는 낙엽들

올곧은 촛불 하나
빈손으로 받쳐 들고
어둠에 지탱하는
네온 빛과 맞서려면
나가자
빛의 광야로
신새벽을 깨우자

꽃등
－ 광화문 촛불·2

촛불 하나 밝히려고
먼 고개 넘어 왔다

민초(民草)가 메마르면
들불로 번지나니

짓밟힌
꽃불 모으면
등불처럼 환하겠지

장미꽃
— 광화문 촛불·3

공부하다 나왔다며 펜 대신 촛불 들고
격랑의 세월 속에
뛰어든 어린 학생
촛불은 교실이 아니라 광장의 문화였다

금반지 뺀 손으로 촛불을 들었다던
각목 대신 봉지 들고
쓰레기를 담던 노인
생계로 줍던 휴지통에 장미꽃*이 피겠네

집회나 시위가 낯설었던 그들도
저마다 언어의 꽃
소리 높이 들고서
꽃가마 타고 가듯이 단풍길을 열었네

---

* 1952년 부산정치 파동시 영국의 로이터 통신은 '한국의 민주주의는 쓰레기통에서 장미꽃이 피기를 기다리는 것보다 어렵다.'고 했다.

국격(國格)
— 광화문 촛불·4

떨어진 나라의 꼴
곧추세워 일으키려
두 손으로 잡은 촛불
비바람에 더욱 일렁
이 생명
보듬고서도
꺼질까봐 품은 사랑

촛불도 불이라면
거룩하게 타올라라
폭력 대신 봉지 들고
욕설도 주워 담고
백만 개
촛불을 안고
별로 빛난 나라의 격

촛농
－ 광화문 촛불·5

촛불을 흔드는 건 바람일까 함성일까

촛불 속 갇힌 권력
어둠을 붙잡아도

백만 개 민의가 모여
대낮으로 밝았네.

촛불이 밟힐수록 함성은 더욱 높아

깊고 푸른 심장에서
불길이 올라온다

민심의 속 끓는 촛농
소리 되어 흐르네.

뜨거운 사랑
－ 광화문 촛불·6

촛불이
흔들리는 건
흔들린 기본 때문

촛농이
떨어지는 건
떨어진 국격 때문

가슴이
뜨거워지는 건
뜨거운 사랑 때문

빛 · 달 · 길
— 광화문 촛불·7

촛불 한 개 밝혀지면
한 가정의
빛이 되고

촛불 한 개 모아지면
한 동네의
달이 되고

백만 개 촛불의 뜻은
한 국가의
길이 된다.

빛의 말씀
－ 광화문 촛불·8

분노의 촛불로는
색깔을 못 바꾼다며

외침의 바다 위에
실낱같은
빛의 말씀

광장의 함성보다도
더 귀한
사랑의 매

가을비
— 광화문 촛불·9

똑
똑
똑
빗방울
무엇을 두드리나

안으로잠그고열어주지않는데

똑
똑
똑
빗방울 소리
무엇을 기다리나

입동 지나
- 광화문 촛불·10

입동 지나
비 내리는데
푸르게 남은 가을

내일이면
얼 것 같아
떨어질 듯 매달려

광장에
널린 고추만
빨갛게 익어가네.

소등
— 광화문 촛불·11

바람 불면 꺼진다*며 눈비가 몰아치자
가녀린 가슴의 불 고개 숙여 나누던 말
불 꺼라* 외치는 소리 민초들의 기도이다

백만 개의 촛불이 한꺼번에 꺼졌다
식당도 카페도 순간의 멈춤 앞에
생각도 행동도 멈춘 기적의 횃불이네

이 시대를 잉태한 건 어둠일까 빛일까
가로등 불빛들도 무릎을 구부리고
굴곡진 광장의 사랑 어둠도 빛이어라

---

* 2016. 11. 17. 새누리당 모 국회의원이 '최순실 특검법' 처리를 위해 열린 법제사법위원회 전체회의에서 "촛불은 촛불이지 결국 바람이 불면 다 꺼지게 돼 있다."란 발언을 했다.
* 2016. 11. 26. 제5차 서울 광화문 촛불집회에서 주최측은 오후 8시부터 '어둠은 빛을 이길 수 없다'며 '저항의 1분 소등' 퍼포먼스를 펼쳤다.

첫눈
— 광화문 촛불·12

촛불도 눈 내리듯
꽃잎처럼 쌓이던 날
어둠이 짙을 때는
더욱더 선명해져
하얗게
녹는 눈물이
함성 깊이 스미네

소리 없이 내린 무게
소리 없이 털어내듯
눈처럼 단순하고
가볍게 살 수 없나
흰눈이
무거울 때는
(눈)사람이 됐을 때지

탄핵 전야(前夜)
－ 광화문 촛불·13

촛불에서
횃불로
들불 될까 저어하고

저녁놀
타들어가도
데일까봐 걱정인데

그대는
밤을 안고서
고운 꿈을 꾸는가

지탄(指彈) 너머
- 광화문 촛불·14

촛불의 온도를 가볍게 보지마라
권력도
명예도
한순간에 태워버리는
작아도
천도가 넘는
잿더미의 씨앗이다.

손가락으로 튕겨도
넘어지지 않으니
활로써 튕기는
탄핵으로 날아갔다
심장을
겨누는 촛불
무엇을 향하는가

가로등
－ 광화문 촛불·15

모두가 눈감을 때
소리 없이 눈뜨고서

행여나 어두울까
기도하던 그 빛이

등 돌린
아픈 사랑에
마음 누르고 서있네

허사비
－ 광화문 촛불·16

수확 끝난 빈 들녘에
영혼 잃은 허사비

참새도 비껴날고
구름도 외면하고

차라리
섣달 그믐밤
눈이라도 왔으면

병신년(丙申年)
― 광화문 촛불·17

사람과 비슷하나
겉모습이 그렇고

재주가 많다 하나
울타리에 갇힌 삶

설렜던
붉은 원숭이
촛불 속에 저무네

겨울냉이
- 광화문 촛불·18

따스한 축복 속에
뛰쳐나올 봄나물이
시절도 스산한데
혹한 뚫고 고개 밀어
엄동의
바깥세상을
어찌 볼까 걱정 드네

언 땅을 딛고 나온
푸르른 겨울 냉이
해독도 풀어주고
피로에도 좋다 하니
정치로
떨어진 입맛
달달하게 돋궈라

조류독감
- 광화문 촛불·19

'땅을 매입합니다' 현수막 나부끼던
산 아래 해묵은 땅
수천 평 세운 축사
부농의 꿈을 키우다 터져버린 살처분

시국이 허약하니 바이러스 극성인가
생닭의 목덜미도
못 잡던 그 손으로
자신의 핏줄 같았던 생명들을 묻고 온 날

사료통 들이대자 머리 들던 벼슬아치
캐도 캐도 구린내 나는
국정농단 청문회에
가혹한 생매장 처분 농가 아닌 청가인데

대리운전
― 광화문 촛불·20

안 가지고 나가려니
차 잡기 불편하고
가지고 나가려니
사고 나면 어쩌나
딱 한 잔
운전의 유혹
여의도행 겁나네

주인은 만취되어
운전할 수 없게 되자
합의된 요금으로
대리운전 시켰더니
내 차로
착각하고서
제멋대로 가려 하네

성탄 이브
- 광화문 촛불·21

종소리도 얼어붙은
썰렁한 성탄 전야
트리 전구 대신에
기도하는 시린 손들
광화문
마음의 촛불
꺼지지도 않는가

나쁜 짓을 하면은
선물을 안 준다기에
혹시나 돌아보니
얼룩 묻은 병신년
설렜던
산타 소식은
먼 광장의 메아리

산타 없는 이브는
상상력 없는 동화책

이 시대 한파를
녹이는 건 무엇인가
산타의
둥근 종소리
언 추위도 녹였으면

제2부

고향 사랑

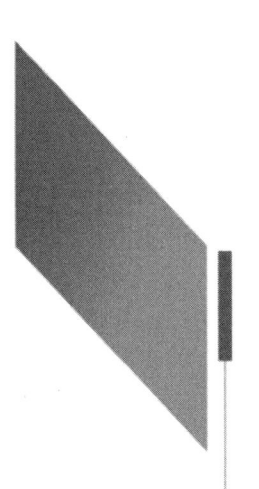

고향을 가는 길은
내 추억
찾는 지도

자드락길
들어서면
따순 손목 꼬옥 잡고

어쩌다
냇길 걸으면
달도 살짝 품었지

- 고향 길

고향 길

고향을 가는 길은
내 추억
찾는 지도

자드락길
들어서면
따슨 손목 꼬옥 잡고

어쩌다
냇길 걸으면
달도 살짝 품었지

해 돋는 마을
- 동창회 가는 날

해 돋는 마을(襄陽)에 오면
이른 새벽
창문을 두드리는 건
언제나
스쳐가는 바람이 아니라
눈부신 태양이다.

수평선 저 멀리서
파도의 함성과 함께
미몽한 나를 깨우는 태양
뜨거운 말씀이 되어
나를 흔들고
꺼지지 않는 불씨로
활어처럼 퍼득거리게 한다.

해 돋는 마을(襄陽)에 오면
아직도
젖은 마음을 어루만져주는
바다, 내 가슴의 뜰

산, 내 생각의 기둥
태양, 내 영혼의 힘

고향 친구
- 동창회 가는 길

너를 찾아 내가 간다
바라보면 하늘보다 먼 고향 길
아찔한 현기증도 느끼지만
고향 찾는 연어처럼
설렘 앞세운
눈부신 하루
미소 지으며 너를 찾아간다

너를 찾는 건
나를 찾는 일
기쁘게 웃고 크게 부풀었던
내 유년의
투명한 수채화
지나간 발자국을 뒤돌아보면
먼 세월
그리움 오고가는 친구
이제 너는
내 생각의 깊이이며
내 그리움의 뿌리다.

바다를 퍼주는 집
- 동해의 남애항 웰빙모텔에서

내 삶의 충전기가 언제부터 바다였나
까치발로 딛고 선 푸르른 그리움에
문명의 굳은 각질도 씻겨질 물빛웃음

태양이 꿈을 여는 남애항에 들어서니
모래는 파도사랑 빛으로 익는 마을
몇 호쯤 출렁이는 그림 바다를 퍼주는 집

새벽장 경매 소리 활어만큼 싱싱하다
욕심의 크기보다 가벼운 가격 앞에
인정의 파란 웃음이 남애항을 흔드네.

자락당(自樂堂)*에서

고즈넉한 산자락에
눈길 끄는
별을 단 집*

장미향
너른 마당
글 한 줄
즐겨 풀던

환하게
웃으며 내민
그 바다가 정겹다.

* 자락당(自樂堂) : 스스로 즐기는 집.
  ① 산자락의 줄임말 자락.
  ② 금서자락(琴書自樂 : 선비는 풍류와 학문을 스스로 즐김)의 自樂.
* 2015년 강원도 양양군에서 '아름다운 집'으로 선정되어 상금과 패를 받음.

설악산 단풍 · 1

바람처럼 혼자서
책장을 넘기다가

암벽 같은 가슴에도
붉은 피가 흐를까

생각도
뜨겁게 달아
열병 난 듯 나섰네

설악산 단풍 · 2
— 오색 주전골에서

설악산 주전골*은
시화전(詩畵展)이 한창이다.

시 한 줄
끊어진 곳
그림 한 장
붉어지고

오늘은
선녀 내려와
시낭송도 한다네.

* 鑄錢골 : 오색 주전골은 계곡미가 뛰어남. 천불동계곡, 백담사계곡과 함께 설악산 단풍 3대 코스. 오색약수-선녀탕-독주암-용소폭포-만경대로 이어진다.

설악산 단풍 · 3
— 오색 주전골에서

절명시를 쓰듯이
오열하는 몸짓으로

하늘 높이
타오르는
저 붉은 의지는

감아도
귓가에 도는
단풍송(頌)을 읊고 있네.

설악산 단풍 · 4
— 오색 주전골 용소폭포˚에서

물 한 잔
따르고서
낙엽 한 장
띄우는 말

책 대신 물소리로
빈 가슴 채운다면

햇살로
물길을 여는
등용 못할 꿈 있을까?

* 龍沼폭포 : 높이는 10m이고, 소(沼)의 깊이는 7m이다. 높은 암벽에 둘러싸여서인지 주전자에서 물 따르는 잔같이 보였음. 전설에 천년 묵은 이무기 중 수놈만 승천하고, 암놈은 준비가 안 되어 바위와 폭포가 되었다고 함.

설악산 단풍 · 5
— 비선대*에서

우뚝 솟은
침묵으로
긴 세월 깎아내면

녹음방초 아니라도
햇살처럼 타오르는

산단풍
커다란 웃음
만인의 기쁨 되네

* 비선대(飛仙臺) : 마고선녀(麻姑仙女)가 이곳에서 하늘로 승천했
  다는 전설. 암벽이 석상(石像)처럼 날아갈 듯이 우뚝 솟아있다.

설악산 낙엽

한여름 무성했던
열정도 지나가고

백과로 풍성했던
욕망도 내려놓더니

세월을
무섭게 터는
빈 하늘을 보았다.

일획(一劃) · 1
－ 설악산 육담(六潭)폭포에서

꽃으로 눈(雪)으로
한세상을 떠돌다가

흰 구름 맑은 바람
한 획을 긋노라면

내 영혼
곱게 씻기어
햇살 가득 고인다

* 설악산 육담폭포는 6개의 폭포와 6개의 담(연못)으로 이루어져 붙여진 이름.

일획(一劃)·2
– 설악산 비룡폭포에서

얼마나 붓질해야
골이 패인 벼루 되나

겉모습 깎여나가
내면으로 흐르더니

단숨에
눈동자 찍자
용(龍) 한 마리
솟구치네

* 설악산 비룡폭포는 높이 16m. 전설에 의하면 폭포수 속에 사는 용에게 처녀를 바쳐 용을 하늘로 올려보냄으로써 심한 가뭄을 면했다고 해서 비룡폭포라고 함.

일획(一劃) · 3
－ 설악산 토왕성폭포에서

한발 한발
오른 계단
조여 오는
극한 세계

아픔 없이 누구든
하늘 문을 두드리랴

숨 한 번
고르고서야
눈에 드는 초서체

* 설악산 토왕성(土旺城) 폭포는 45년 만에 개방된 명승 제96호
  높이 320m (상단 150m, 중단 80m, 하단 90m)의 3단으로 된 폭포
  임. 900여 개의 가파른 계단을 올라가야 볼 수 있음.

폭포 · 1
― 강원도 춘천의 구곡폭포에서

저 정도 의관이면
장군의 위용인데

두려움 뒤로하고
앞장서서
뛰내리니

병서를
읽지 않아도
뒤따르는 병사들

폭포 · 2
- 강원도 춘천의 구곡폭포에서

한 줄기 뜨거운 말씀
시원하게 전하려고

수천 권 경서 덮고
작심한 듯 나섰는가

천상의
빛줄기 내려
하얗게 피는 꽃말

소풍
－ 춘천 남이섬

유성의 꼬리 같은 긴 여정의 소풍길
들뜬 마음 손을 잡고 먼 기억을 따라가면
세월은 거꾸로 흘러 그 시절을 맞추네.

낯설은 흐름 뒤로 파고드는 추억들
한계령 미시령보다 더 높은 이순 고개
남이섬 상상 물결도 이 고개를 넘었을까

개구쟁이 눈웃음은 아직도 남았는데
시간 지난 어깨 위로 반짝이는 이력들
햇살에 눈부신 나이 한잔 술로 내려놓고

바람 부는 동화나라 아직도 꿈을 꾸는
앉았다 일어나도 상상력이 묻어나고
떨어진 가랑잎에다 꿈을 입힌 겨울연가

제3부

대전 사랑

보고 싶은 그리움을
견딜 수가 없어서

얼굴 하나
호수 위에
예쁘게 띄워놓고

수없이
떴다 감았다
호수만한 눈으로

- 낮달

화수분(河水盆)*의 산, 식장산

배고프고 힘들 때면
꿈꾸어 온 이상향*
굶주려도 그 효성이
하늘을 움직였고
뒷날을
위해 묻었다던
충청도의 밥그릇

* 화수분(河水盆) : 하수분의 발음이 변하여 화수분이 됨. 화수분(貨水盆)이라고도 함. 단지(盆)에 물건을 담아 두면 끝없이 새끼를 쳐 그 내용물이 줄어들지 않는다는 설화상의 단지. 단지가 얼마나 큰지 진시황이 군사 10만 명을 동원해 黃河의 물로 채우면 아무리 써도 없어지지 않았다는 데서 유래.
* 우리나라의 이상향으로 지리산 청학동, 충청도의 식장산, 함경도의 어우동, 제주도 이어도로 불림.

절제의 산, 식장산*

무엇을 마셔도 타는 갈증 여전한데

한 톨의 쌀이라도 과욕은 멀리하라

먼 세월 묻은 전설이 식장산의 메아리로

오늘은 무슨 생각 텅 빈 산을 오르는가

술 한 잔 같은 바람 댓잎을 흔드는데

비워도 너무나 많이 지고 가는 나를 본다

---

* 식장산(598m) : ① 삼국시대 어떤 장군이 많은 군량미를 숨겼다. ② 조선 중기 기인 전우치(田禹治)가 3년 동안 먹고 남을 만한 보물을 묻어놓았다. ③ 먹을 것이 쏟아지는 밥그릇이 묻혀 있다고 해서 식기산(食器山) 또는 식정산(食鼎山)으로 불리다가 식장산(食藏山)으로 정착된 이름. 대전 동구 대성동.

우암사적공원에서
 - 조선의 사색붕당

조선의 하늘에는 태양도 없었는가
팽팽한 음기만이 밀당을 즐겨했던
사색된 대쪽 자존심 하늘의 예(禮)를 봤나

산 자가 죽은 자의 혼백을 불러놓고
웃자란 가지만큼 뿌리 내린 이념 논쟁
복상과 책봉의 나라 틀에 갇힌 사대부여

꽃비 내린 학문의 뜰에 눈보라 몰아칠 때
동공은 떨고 있어도 학풍은 뜨거웠나
둥둥둥 저문 북소리 찢겨진 문(文)의 나라

세월 지난 하늘에 학 한 마리 날고 있다.
아침에 도를 닦고 마음 닫았던 창문 너머
오월은 연초록 깃발 땅도 하늘도 푸르네

계족산 황톳길

황톳길 · 1

충청도 양반골에 맨발이 웬말인가
손 뒷짐 에헴하는 대로행 군자인데
신 벗고 체면도 벗고 황톳길을 걸으라네

황톳길 · 2

평생을 짓눌려온 하이얀 바닥 인생
안구는 호사한데 발맛도 그러할까
지천명 순결한 체면 흠될까 망설이네

황톳길 · 3

디디면 새싹 나듯 살갗으로 터진 환희
꽃잎 깔린 황금길에 온가족은 들뜨고
맨발은 정신 마사지 자국마다 웃음이다

황톳길 · 4

찰박한 진흙탕길 흠이 된다 누가 했나
손잡고 마음잡고 세대를 넘는 고개
추억의 붉은 띠 감고 웃음으로 채운 일기

황톳길 · 5

계족산 길 위에 길 누가 그려 놓았는가
한 사람의 역사가 판화에 찍히듯이
인간과 자연을 잇는 한바탕 흙의 축제

보물의 정원, 보문산*

나에게도 한 번 쯤은 보물섬을 그리다가
지도에도 없는 섬 꿈을 찾아 나섰다
꾸어도
닿을 수 없는
상상 밖의 여행길

보물이 묻혔다는 도심 속의 보물섬
햇빛 따라 보문산성 달빛 도는 시루봉
발밑엔
뜨거운 역사
천년 가슴 붉어지고

내게서 보물이란 짓는 걸까 웃는 걸까
詩름 반 까르륵 반 행복숲길 걷다가
저녁놀
물들어가자
달빛 끝에 머문 나

* 보문산(寶文山)은 보물이 묻혔다 하여 보물산(457m)이라 부르다가 후에 보문산으로 부름. 대전광역시 중구에 소재한 산이며, 1965년 보문공원으로 지정됨.

소통의 산, 수통골 · 1

도덕봉
금수봉
높은 이름 안 내세우고

수통골 계곡 이름
먼저 부르는 이유는

낮추고
조화 이루며
소통하기 위해서지

동행의 산, 수통골 · 2

삶도 때론 메말라서 물가가 그리울 땐
도시 삶의 언저리에
향기 한 잔 권하는
내 삶의 지친 영혼도 힐링이 필요하리

게으른 마음 달래 수통골*을 향했다
자연과 사람이
통한다는 산골짝에
풍성한 몸통의 허세 지우기 애쓰면서

사람은 산 오르고 산은 사람 오르는 산
도전의 산이 아니라
동행하는 산이기에
소통이 어려울 때는 수통골이 보약이다

* 수통골(水通) : 대전광역시 유성구 계산동의 계룡산 국립공원의 일부다. 계곡이 깊어 물이 소통하는 골짜기라는 뜻이다.

낮달

보고 싶은 그리움을
견딜 수가 없어서

얼굴 하나
호수 위에
예쁘게 띄워놓고

수없이
떴다 감았다
호수만한 눈으로

내 사랑의 방정식

한 발짝 다가가면
두 걸음
물러서고
너무 갔나 움찔하면
한 발짝
다가오니

발자국
더하고 빼는
내 사랑의 방정식

호수의 그림 두 편

동화 속 그림 같은
추동의 물안개길
그리움 짙어가면
호수는 맑아지고
내 마음
술렁거리는
별빛 뜨는 저녁에

뻐꾸기 울음소리
깊어가는 대청호에
저녁놀 물들이며
떠오르는 얼굴 하나
흔들린
그리움으로
더욱 짙은 쑥부쟁이

호수에 그린 수묵화

호수의 감수성이 하늘에 가 닿으면
물결은 이때부터 손놀림 분주하고
한 방울 묵향 떨구면 화폭 속의 산수화

진한 커피 향기처럼 물안개 피오르면
바람은 수목잡고 한바탕 춤사위다
호수를 보러왔다가 그림 속에 빠진 나

자유로운 영혼인가 호숫가 흰 두루미
구부러진 선율 따라 오백 리 가려는가
앞산과 뒷산이 겹쳐 오고갈 수 있을까

호수의 미진함을 하늘이 품어줘도
가끔은 부끄러워 감추고도 싶은가
며칠간 잠기고 싶은 동화 같은 물나라

봄과 여름 사이

한나절 봄을 지나 여름으로 가는데
그림과 시 사이에 꽃 한 송이 피운 신록
푸르른 향기를 안고 돌고 도는 호반길

그냥도 눈부신데 웃고 있는 모습으로
눈짓은 시가 되고 손짓은 그림 되어
오늘은 꽃보다 신록 너의 봄 오월에

시원한 바람소리 설렘으로 듣는 고백
생각은 미소되어 잎새마다 반짝이고
햇살은 초대된 웃음 봄에서 머문 여름

수해지역

오래전 이어온 길 하늘과 땅의 교접
초여름의 갈래갈래 울부짖는 저 물소리
뿌리째 뽑힌 눈물을 하구에서 더듬는다

흐르는 눈물에 무너지는 소리소리
이슬에도 죄는 통증 가슴 한켠 아려서
보아라, 흔들린다고 다 요람은 아니다

맑은 아침 풀잎 위 눈을 감던 빛 한 줄기
천지가 바뀐 것이 한숨 위에 걸렸어도
손을 턴 농부의 잠을 꿈이 없다 말하지 마라

제4부

달빛 사랑

둥그런 흰 접시에
풀잎 한 장 띄워놓고

붓칠도 사치인가
숨도 잠시 멈추고

구름도
비껴 흐르는
저 순수의
고요함

- 여백(餘白) -

시화전(詩畫展)

꽃과 새를 불러 모은
글심 깊은 꿈의 정원

언어로 익힌 사랑
그림으로 감싸주니

오늘은
따뜻한 글귀
그 마음에 멈추네

여백(餘白)

둥그런 흰 접시에
풀잎 한 장 띄워놓고

붓칠도 사치인가
숨도 잠시 멈추고

구름도
비껴 흐르는
저 순수의
고요함

이산가족 · 1

꿈에도 아롱지던
고향산천 그리움
기억을 되새기다
갇혀버린 일기장엔
낡아도
푸르른 기억
그 시절은 뛰었지.

어제의 푸른 세월
낙엽처럼 뒹구는
고웁던 웃음소리
풍상에 씻겨가고
그 세월
그 자리에서
매번 돋는 비목들

이산가족 · 2

눈 들어 쳐다봐도
철망 같은 시선뿐
가시 박힌 눈물마저
바삭이다 말랐는가
청춘 때
이념에 갇혀
녹이 슬은 분단의 길

마르고 비틀어져
신음하는 고목들
붉은 피 멈추어도
역사는 흐르는가
할미꽃
그리움 굳어
흔들리는 기억들

이산가족 · 3

아직도 추수 햇살
그리워서 뜨거운가
부둥켜 안으려고
팔 벌려 담은 온기
한 생애
인생 돌아도
풀 수 없는 꿈 이야기

기억마저 희미한
푸석이는 마른 생각
누굴 위해 웃고 우는
가면의 세월인가
마음은
철망에 걸린
하늘 아래 망부석

갈대 · 1
   － 서천 신성리 갈대밭*

할 말이 너무 많아
달려온 갈대밭에

흔들린 달빛만큼
서걱이는 사유(思惟)의 땅

이발사*
아니더라도
묻고 싶은 울부짖음

* 서천군 신성리 갈대밭(198,000㎡)은 금강변의 철새와 함께 자연의 아름다움을 느낄 수 있는 곳으로 영화 JSA(공동경비구역), TV드라마 등 촬영장소로 유명하다.
* 그리스·로마 신화에 나오는 동화 『임금님의 귀는 당나귀 귀』 속의 주인공.

갈대 · 2
― 서천 한산소곡주 축제

얼마나 익혀 둬야
달달한 사랑될까

유민*의 한(恨) 달래가던
가슴 한편 아린 술맛

천년을
뿌리 내리고
맛과 향의 꽃 됐네

---

* 한산소곡주는 1500여년 전 백제 멸망 후 유민(流民)들은 백제부흥운동의 근거지로 한산 건지산 주류산성에 모여 나라 잃은 슬픔을 잊기 위해 하얀 소복을 입고 소곡주(素穀酒)을 빚어 마시며 망국의 한을 달랬다고 한다.

갈대 · 3
− 서천 신성리 갈대밭

갈밭*에 들어서면
갈대처럼 흔들리고

강둑에 다가서면
강물처럼 흔들리는

먼 생각
두 눈 감아도
서걱이는 목마름

* 프랑스의 수학자, 물리학자, 사상가인 파스칼(1623~1662)은 『팡세』
에서 '인간은 자연 중에서 가장 약한 한 줄기 갈대에 불과하다. 그
러나 인간은 생각하는 갈대다' 라고 했다.

갈대 · 4
－ 서천 신성리 갈대밭

푸르른 화선지에
님의 뜻 헤아리며

갈대붓 한 줄 한 줄
자늑자늑 써내려간

푸근한
구름 한 점은
나의 뜻 아닐런지요

달빛사랑
― 서천 달빛문화 갈대축제

가으내 익어가는
오십줄의 끝자락에

생각에 생각 더해
금강물은 반짝이고

발길은
갈밭에 쌓여
그리움만 커집니다.

아직은 서투른지
썼다 썼다 또 지우고

내 사랑 그리워
손 내밀고 쓰던 편지

달빛도
궁금하였나
꽃등 걸고 읽습니다.

연꽃 · 1

연꽃을 훔쳐보다
이슬 속에 갇힌 마음

속세의 어리석음
투명하게 내비쳐져

드넓은
불국(佛國)의 연못
숨을 데가 없었네

연꽃 · 2

비워져라 맑아져라
투명한 하늘같이

세우고 펼쳐 오신
꽃 한 송이 그 미소

어둠에
꽃등을 달자
공(空)으로 떠오른 달

연꽃 · 3

빈 하늘 고요한 무게
바람 한 점 없는데

궁남지 풍경소리
이슬방울 굴리면

뽐내던
티끌마저도
원음(圓音)으로 깎이리

연꽃 · 4

얼마나 간절해야
이슬 같은 사리 되나

진흙탕에 자란 마음
씻기고 닦인 세월

불심도
무위의 바람
꽃 한 송이 벙그네

제5부

다산 사랑

붓질도 천 번이면
강물이 흐른다지

복사뼈 세 번이나
구멍이 뚫리도록

천주의
멍에를 지고
실사구시 꿈꿨네

- 다산초당에서

다산초당*에서

하늘을 믿는 것도 천형의 죄라서
남도의 붉은 땅 끝자락에 닿으니
싸늘한 유배의 바람 해도 뚝뚝 지는 밤

좌절과 슬픔의 땅 한기 드는 시절에
사람이 그리운가 다산초당 나서니
백련사 차와 동백향 바장이던 사색의 길

붓질도 천 번이면 강물이 흐른다지
복사뼈 세 번이나 구멍이 뚫리도록
천주의 멍에를 지고 실사구시 꿈꿨네

이 시대 매 들 자는 수령인가, 백성인가
다향에 익힌 생각 목민의 꿈 일으켜
궁벽한 다산초당에서 새 시대를 그렸네

* 1818년 귀양에서 풀려날 때까지 이곳에서 10년간 머물면서 제자를 가르치고, 『목민심서』 등 500여 권의 저서를 남기고 실학을 집대성한 곳.

강진 사의재(四宜齋)*에서

주막의 한 노파가
무슨 꿈이 있으련만
나라의 죄인이라
모두들 피하는데
강진만
따뜻한 마음
보듬고 돌았네

노파의 마음속에
천주님이 계셨을까
서로가 죄인 되어
가슴 조인 저승의 꿈
한두 평
뒷방을 주고
하늘을 보았으리

* 사의재는 강진의 주막이름. 당시 국가의 죄인으로 누구 하나 거들 떠 보지 않았지만 주막집 노파의 도움으로 4년간 있으면서 마음의 안정을 찾고 제자를 가르치며 『경세유표』 등을 저술했던 곳. 다산 은 그곳을 ① 맑은 생각, ② 엄숙한 용모, ③ 과묵한 말씨, ④ 신중 한 행동을 해야 할 방으로 사의재(四宜齋)라 했다.

팽목항 붉은 등대

바다의 기도소리
등대를 세웠을까

입항을 기다리다
붉은 등대 여위고

무너진
하늘과 바다
기도할 곳 어디인가

우는 게 힘이 된다
목 놓아 부르는

뼈저린 외마디가
파도와 싸우고

먹먹한
기다림 끝에
리본 하나 펄럭이네

어머니의 품, 장흥
 － 귀농·귀어·귀촌 체험행사 참가기

오오랜 세월의 땅, 달달한 어머님 품
문학의 향 이미 높아 펜을 잡고 떠나니
오늘은 한승원 고향 파도 한 줄 타겠네

한우 표고 키조개로 삼합을 이루니
장흥문학 높은데 오정문학 흥을 터
펜 끝은 이미 녹아서 장타령 흥타령

알람종 시계보다 일찍 깨운 새소리에
창문을 열어보니 손짓하는 생명의 땅
곱단장 대충 하라며 마음 먼저 앞선다.

마음에서 만들어 낸 군수님의 무릉도원
중강진 쳐다보다 정동진도 돌아보니
마음은 반도 끝자락 정남진에 꽂힌 사랑

상록수 아니라도 이병모* 의 농촌 사랑
남도의 끝자락을 손끝까지 전하고자
장흥은 어머니의 품 쉬고 묵고 가란다.

어머님 품 떠나는 날 연인과 이별한 듯
녹음은 오월 하늘 내 마음은 녹수로다
긴 여정 피로 속으로 파도 이는 사랑아

* 귀농·귀어·귀촌 체험행사의 사무국장이며, 1박 2일 동안 재미있게
  친절하게 안내함.

| 작품해설 |

시대의 아픔을 촛불로 승화한 사랑의 美學
— 朴奉柱 시조집 『광화문 촛불』 평설

野城 이 도 현
시조시인, 국제펜클럽한국본부 이사

1. 序言

박봉주 시인이 다섯 번째 시조집 『광화문 촛불』을 발간한다. 축하를 드린다.

박시인은 1995년 「현대시조」에서 '청령포에서'로 등단하고 1998년 충청일보에 '설악산 낙엽'으로 신춘문예에 당선한다. 지금까지 네 권의 시조집을 간행하였으며 대전문인협회 사무국장을 역임하고 현재 가람문학회 회장을 하고 있다. 2000년에는 한국문화예술진흥원으로부터 한국의 우수작가로 선정되었으며, 2005년에는 대전문인협회에서 대전의 우수작가로 선정되는 등 많은 문학상을 수상하였다.

지금도 꾸준히 시조를 갈고 닦아 시조시단은 물론 우리 고장 문단에 활력을 불어넣는 중진으로 활약하고 있다.
 또한 대전광역시교육청 중견 공무원으로서 유능한 행정가로 널리 알려져 있으며, 일찍이 시인이자 유머리스트로서 교육기관, 대학교, 군부대, 기업체, 리더십센터 등에서 시와 한자와 유머로 재능을 기부하는 유명강사로도 알려져 있다.

 시조(時調)는 멀리 신라시대 향가에서 연유하여 고려 말에 그 시형이 정착되고 조선시대에 꽃을 피워 오면서 지금까지 전해오는 대한민국 고유의 정형시(定型詩)요, 성문문학(成文文學)이다. 그러기에 시조는 '시(詩) 중의 꽃'이라 불릴 만큼 천 년의 역사를 가진 우리나라 전통문학으로 각광을 받는다. 우리 조상의 슬기와 넋이 고인 정제된 노랫가락이기에 더욱 값지다.
 잘 알다시피 2016년도 노벨문학상은 미국의 유명가수 밥 딜런에게 주어졌다. 1901년 노벨문학상이 수상된 이래 가수가 노벨문학상을 받는 건 처음으로 밥 딜런의 음악이 '귀를 위한 시(詩)'로 미국 음악에 새로운 시적 표현을 창조하였기에 수상했다고 한다. 밥 딜런은 반전 메시지 노래들, 곧 저항과 반전운동으로 상징돼 노래하는 음유시인으로서 '가사도 문학이다.' '가사 수준을 문학으로 승화시켰다.'는 평가를 받고 있다.

우리 가락인 시조도 시절가조(時節歌調)의 줄임말이며 가조(歌調)란 '노래의 곡조, 노랫가락'을 의미한다. 이런 우리의 시조는 시대적 기쁨과 아픔을 '노래하는 시(詩)', '창(唱)으로 읊는 시(詩)', '귀를 위한 시(詩)'로 노랫가락을 중시하여 오다가 1920년대 육당 최남선, 1930년대 가람 이병기 선생의 시조혁신운동으로 창(唱)에서 멀어지면서 노랫말인 가사는 고도의 문학성을 추구하는 갈래로 자리 잡게 되었다. 그러나 현대시조가 고도의 문학성을 추구한다 하여도 시조 본래의 특성인 음악성을 전연 배제할 수는 없는 것이다.

이번 박봉주 시인이 발간하는 시조집 『광화문 촛불』은 시대의 아픔을 달래고 조국발전의 동력(動力)으로 작용할 민초들의 함성을 촛불로 승화시킨 사랑의 노래로써 마침 우리 문학의 세계화를 부르짖고 있는 때에 즈음하여 우리 시조(時調)가 한국의 가락을 중시하는 대표적인 전통시로 세계화에 가장 적합한 가능성을 열어놓고 있음을 시사하는 대목이라 하겠다. 따라서 『광화문 촛불』은 많은 독자들로부터 각광을 받으리라 본다.

시조집 『광화문 촛불』은 한 시대의 아픔을 노래하고 미래 한국의 발전을 위하여 기도하는 '촛불 시조'가 주종을 이루었고 그 외 시인의 고향 사랑, 대전 사랑, 그리고 우리 고장의 역사와 문화, 예술의 영역까지 망라한 달빛 사랑, 다산(茶山) 사랑 등 69편의 사랑 노래가 담겨 있다. 이제 그

나라 사랑 내용을 살펴보기로 한다.

2. 광화문 촛불(나라 사랑)

    떨어진 나라의 꼴
    곧추세워 일으키려
    두 손으로 잡은 촛불
    비바람에 더욱 일렁
    이 생명
    보듬고서도
    꺼질까봐 품은 사랑

    촛불도 불이라면
    거룩하게 타올라라
    폭력 대신 봉지 들고
    욕설도 주워 담고
    백만 개
    촛불을 안고
    별로 빛난 나라의 격
      — 「국격(國格) - 광화문 촛불 · 4」 전문

 「광화문 촛불 · 4」이다. 대통령 비선 측근인 한 여인의 국정농단 사건으로 지난 겨울 나라가 온통 혼란에 빠져 국격(國格)이 무너지고 나라의 체통이 떨어지는 등 온 국민이 분노와 울분, 그리고 좌절과 어둠의 긴 터널에서 빛을 찾아

야만 했다.

 지난해 말 국회가 대통령 탄핵소추안을 결의하여 헌법재판소로 이송, 탄핵심판을 선고하기까지 매 주말마다 광화문에서 켜든 촛불은 백만 명이 넘어섰는데도 비폭력 평화시위로 세계가 놀라고, 함께 한 시민들도 감동을 받았다. 드디어 국제적인 화두로까지 등장하게 되었다.

 이 작품에서 촛불은 나라 사랑의 촛불이다. 첫수에선 국정농단으로 실추된 나라의 꼴을 곧추세우려 촛불을 들었다는 것이고, 둘째 수에선 폭력 대신 봉지를 들고 쓰레기를 주워 담으면서 질서 있는 행진을 전개함으로써 떨어진 국격을 다시 올려 세웠다는 역설적인 내용으로 시위문화가 폭력을 배제하고 민주적인 질서 있는 평화행진으로 전개하고 있음을 국내외에 과시한 행동이 되었다.

 이로 인해 한국은 성숙한 민주시민의 나라로 재조명 받게 되었는지도 모른다.

   촛불이
   흔들리는 건
   흔들린 기본 때문

   촛농이
   떨어지는 건
   떨어진 국격 때문

> 가슴이
> 뜨거워지는 건
> 뜨거운 사랑 때문
> ― 「뜨거운 사랑 - 광화문 촛불·6」 전문

　작품 「뜨거운 사랑 - 광화문 촛불·6」에선 촛불을 켜든 이유를 촛불의 상황에 따라 각 장별로 말하고 있다. 나라의 기본이 흔들리기에 촛불이 흔들리고, 나라의 국격(체통)이 떨어지기에 촛농이 떨어지고, 나라를 걱정하는 사랑 때문에 촛불이 뜨거워진다(가슴이 뜨거워진다)라고 하였다. 한 나라의 기본, 국격, 사랑이라는 관념을 흔들리는 촛불, 떨어지는 촛농, 뜨거워지는 가슴으로 형상화(形象化)하고 있다. 참으로 놀라운 발상이며 신선한 은유다. 또한 '때문'이란 단어를 각 장의 끝에 반복 병치시킴으로 음악적인 효과를 고양시키고 있다.
　이 짧은 단수 안에 광화문 촛불의 의미와 불을 켜든 까닭과 이미지가 모두 함의(含意)되고 있지 않은가? 여기서 시조의 정제된 가락과 압축미를 맛보게 된다.

> 촛불 한 개 밝혀지면
> 한 가정의
> 빛이 되고
>
> 촛불 한 개 모아지면
> 한 동네의

달이 되고

백만 개 촛불의 뜻은
한 국가의
길이 된다.
　　　―「빛·달·길 - 광화문 촛불·7」전문

　작품「빛·달·길 - 광화문 촛불·7」에서 광화문 촛불의 의미와 이미지가 한층 심화되고, 승화된다. 광화문 촛불을 빛과, 달과, 길이라는 다른 사물로 환치(換置)하면서 가정, 동네, 국가의 영역으로 그 의미를 확장한다.
　각 장마다 '~되고' 라는 어미를 반복하여 리듬을 살리고 빛, 달, 길이라는 사물로 그 의미를 점층시켜 그것들이 조화를 이루면서 광화문 촛불의 이미지를 성공적으로 빚어내고 있다.
　이 작품의 특징은 시조의 리듬을 살리면서 장(章)마다 다른 사물을 동원하여 의미를 점층시키는 기법을 사용하고 있다는 점이다. 그래서 독자를 다의적으로 재해석이 가능하도록 끌어 들이고 있다. 어디 시조가 막힌 데가 한 군데나 있는가? 활달하게 경(境)을 열면서 조국의 미래를 밝은 전망으로 열고 있는 가작(佳作)이다.

촛불의 온도를 가볍게 보지마라
권력도
명예도

한순간에 태워버리는
작아도
천도가 넘는
잿더미의 씨앗이다.

손가락으로 튕겨도
넘어지지 않으니
활로써 튕기는
탄핵으로 날아갔다
심장을
겨누는 촛불
무엇을 향하는가.
　　— 「지탄(指彈) 너머 - 광화문 촛불·14」 전문

　광화문 촛불은 시대의 아픔을 치유하고자 하는 무언의 질서 있는 시민의 항쟁이요, 함성이었다. 국가의 미래를 걱정하는 나라 사랑의 표징이었다.
　"작아도/천도가 넘는/잿더미의 씨앗이다" "손가락으로 튕겨도/넘어지지 않으니/활로써 튕기는/ 탄핵으로 날아갔다."
　이러한 촛불의 위력은 마침내 대통령을 탄핵함에 동력으로 작용하고야 말았다. 참으로 불행한 일이요, 부끄러운 일이다. 다시는 이러한 전철(前轍)을 밟아서는 안 될 역사의 기록으로 박봉주 시인은 광화문 촛불을 예의, 주시하며 문학적으로 승화시키고 있다.

3. 고향 사랑. 대전 사랑

설악산 주전골은
시화전(詩畵展)이 한창이다.

시 한 줄
끊어진 곳
그림 한 장
붉어지고

오늘은
선녀 내려와
시낭송도 한다네.
— 「설악산 단풍 · 2 - 오색 주전골에서」 전문

 시인의 고향, 설악산(雪嶽山) 단풍 노래다. 오색 주전골은 천불동계곡, 백담사계곡과 함께 설악산 단풍 3대 코스라 할 만큼 절경인가 보다.
 오색 주전골의 단풍 절경을 시화전으로 환치하고 선녀가 내려와 시낭송을 한다고 의인화(擬人化)하고 있다. 놀랄 만한 상상이요, 멋진 표현이다. 설악산 단풍을 시각과 청각, 공감각으로 반죽하고 동영상으로 묘사하여 작품을 살아 있는 분위기로 연출하고 있다. 실감나는 장면 구성이다.
 현대시조가 자유시와 경쟁하면서 살아남기 위해선 정형 시란 형식미를 지켜가면서 현대감각을 잃지 말아야 한다는 점이다. 다시 말하면 시조라는 정해진 그릇 안에 시상(詩想)을 자유롭게 늘이고 뻗고 풀어주고 댕기는 기법을 연마해야 한다. 언단의장(言短意長) 곧 말은 짧고 생각은 깊은 시를 써야 한다. 박시인은 이러한 과정을 이미 소화하고 자기 시전(詩田)을 자기만의 개성으로 경작하는 중견시인으로 자리매김한다. 이러한 기법은 다음 작품에서 더욱 빛나고 있다.

> 얼마나 붓질해야
> 골이 패인 벼루 되나
>
> 겉모습 깎여나가
> 내면으로 흐르더니
>
> 단숨에
> 눈동자 찍자
> 용(龍) 한 마리
> 솟구치네
> ― 「일획(一劃)·2 - 설악산 비룡폭포에서」 전문

제목부터 걸작이다. 폭포를 일획(一劃)이라 하다니, 서예(書藝)에도 도가 튼 모양새다. 사물을 바라보고 그 특성을 찾아 끄집어내는 눈, 거기에 알맞은 언어를 찾고 주무르고 아우르는 구성의 솜씨 또한 보통을 넘어선다.
설악산 비룡폭포를 골이 패인 벼루로 보더니 단숨에 눈

동자 찍자 용 한 마리 솟구친다 하였다. 화룡점정(畵龍點睛)의 경을 열고 있음인가? 시조를 정형시라 하여 형식에 매이거나 자수에 억지로 맞추려 한 흔적이 보이지 않는다. 초장, 중장, 종장을 물 흐르듯이 자연스럽게 이으면서 전개한 솜씨가 명품이다.

붓 일획을 찍어 일필휘지(一筆揮之)로 작품을 완성하는 이른바 '선금혁자불시보(善琴奕者不視譜)'라 거문고나 바둑에 뛰어난 장인은 악보나 기보에 매달리지 않는다. 뛰어난 연주는 악보 너머에 있고 진정한 바둑은 기보를 떠나서 있음이니, 한 번 찍어 산이 되고, 두 번 찍어 강이 되는 경지를 일컬음이다.

때문에 시조의 종착역은 바로 시라는 예술로 승화된다. 이 작품으로 하여 박봉주는 시조를 시조로 쓰지 않고 예술작품으로 창조하는 장인(匠人)의 경지에 오르고 있다 하여도 지나친 표현은 아니리라. 시조다운 진면목을 이 작품에서 본다.

    (가) 한 발 한 발
       오른 계단
       조여 오는
       극한 세계

       아픔 없이 누구든
       하늘문을 두드리랴

숨 한 번
　　고르고 서야
　　눈에 드는 초서체(草書體)
　　　— 「일획(一劃)·3 - 설악산 토왕성폭포에서」 전문

(나) 저 정도 의관이면
　　장군의 위용인데

　　두려움 뒤로하고
　　앞장서서
　　뛰내리니

　　병서(兵書)를
　　읽지 않아도
　　뒤따르는 병사들
　　　— 「폭포·1 - 춘천의 구곡폭포에서」 전문

　시조에선 대체로 종장에 주제를 감춘다. 의미를 반전(反轉)시키거나 비약(飛躍)시키기 때문이다. 때문에 종장 처리가 그만큼 중요하다. 위의 (가)와 (나)는 일획(一劃) 3편과 함께 '폭포'를 소재로 쓴 시조이다. (가) 종장에선 폭포를 '초서체'라 하였고, (나) 종장에선 '뒤따르는 병사들'이라 하였다. 신선한 은유가 돋보인다. 또한 '초서체' '병사들'이란 명사로 작품을 마감하여 여운을 남기는 기법은 독자들을 작품 속으로 끌어들이는 효과가 있다.

무엇을 마셔도 타는 갈증 여전한데
한 톨의 쌀이라도 과욕은 멀리 하라
먼 세월 묻은 전설이 식장산의 메아리로

오늘은 무슨 생각 텅 빈 산을 오르는가
술 한잔 같은 바람 댓잎을 흔드는데
비워도 너무나 많이 지고 가는 나를 본다.
— 「절제의 산, 식장산(食藏山)」 전문

  대전 사랑 작품으로 식장산을 노래한다. 식장산(食藏山)은 대전광역시 동구 대성동에 있는 산으로 삼국시대 어떤 장군이 군량미를 숨겼다는 전설과 다른 하나는 먹을 것이 쏟아지는 밥그릇이 묻혀 있다하여 식기산(食器山)→식정산(食鼎山)→식장산(食藏山)으로 부른다는 전설을 갖고 있는 산이다.
  이 작품은 연시조(連時調)로 구성하고 있다. 첫수에서는 한 톨의 쌀이라도 아껴서 절제하고 과욕은 멀리하라 하였고, 둘째 수에서는 절제의 빈 산을 오르면서도 정작 화자는 욕심을 버리지 못하고 너무나 많이 지고 가는 자신을 반성하고 있다.
  오늘날 시조창작의 비중은 단수(單首)보다는 연시조(連時調)를 많이 쓰려고 하는 경향이 있다. 현대라는 삶의 구조가 복잡하기 때문에 단수로는 시상을 여유 있게 처리할 수 없기 때문이다. 단 연작(連作)의 완성은 단수의 3장 구조를 확대할 필연성이 있을 때 가능하다. 이를 남용하면 작품이 늘어지고 압축미가 사라진다.

> 도덕봉
> 금수봉
> 높은 이름 안 내세우고
>
> 수통골 계곡 이름
> 먼저 부르는 이유는
>
> 낮추고
> 조화 이루며
> 소통하기 위해서지
> ― 「소통의 산, 수통골·1」 전문

작품 「수통골·1」은 대전광역시 유성구 계산동에 있는 명산이다. 물이 항상 흘러 소통하는 골짜기라는 뜻을 갖고 있는 산이다. 도덕봉, 금수봉이라는 높고도 멋진 봉우리가 있는 데도 수통골이라 이름붙인 이유는 자기를 낮추고 조화를 이루면서 소통하기 위해서 라고 박시인은 창조적인 해석으로 스토리텔링을 하고 있다. 기발한 발상이다.

수통(水通)은 소통(疏通)의 의미를 내포한다. 물이 흘러야 소통이 된다. 소통이 안 될 경우 막혀서 답답하다. 통즉불통 불통즉통(通則不痛 不通則痛)이라 했다. 통하면 아프지 않고, 통하지 않으면 아프다는 뜻이다. 이 세상 생명체는 통하지 않고는 존재할 수 없다. 이 책의 연작 시조인 '광화문 촛불'도 결국은 불통(不通)에서 온 즉 시대적 아픔(則痛)을 온 몸으로 느끼고 쓴 박시인의 나라 사랑 고민이다.

「수통골·2」마지막 首에서 "사람은 산 오르고 산은 사람 오르는 산// 도전의 산이 아니라 동행하는 산이기에// 소통이 어려울 때는 수통골이 보약이다." 라고 노래하듯 답답하고 소통이 안 될 경우 이젠 수통골을 산행하자.

4. 달빛 사랑. 다산 사랑

> 가으내 익어가는 오십 줄의 끝자락에
> 생각에 생각 더 해 금강물은 반짝이고
> 발길은 갈밭에 쌓여 그리움만 커집니다.
>
> 아직은 서투른지 썼다 썼다 또 지우고
> 내 사랑 그리워 손 내밀고 쓰던 편지
> 달빛도 궁금하였나 꽃등 걸고 읽습니다.
> ─ 「달빛사랑 - 서천 달빛문화갈대축제」 전문

우리 고장 충남 서천 '달빛문화갈대축제'장에서 갈대밭을 거닐면서 오십 줄의 끝자락 연치에 오른 시인이 과거를 회상한다. 만추의 달빛을 감상하면서 회억에 젖고 있는 시인의 정서는 금시 그리움으로 물든다. 금강물은 유난히 반짝이고 갈대는 머리칼을 흔들며 사각 사각 소리 지른다. 옛사랑이 그리워 쓴 편지, 달빛 꽃등을 걸고 읽는 순간이다. 갈대밭을 거닐면서 달빛에 젖는 정경은 파스칼이 아니어도 '생각하는 갈대'를 연상케 하는 대목이다.

비워져라 맑아져라
투명한 하늘같이

세우고 펼쳐 오신
꽃 한 송이 그 미소

어둠에
꽃등을 달자
공(空)으로 떠오른 달.
— 「연꽃 · 2」 전문

「연꽃 · 2」 전문이다.
충남 부여 궁남지에선 매년 여름 '연꽃축제'를 벌인다.
'비워져라 맑아져라'라는 불법(佛法)을 '꽃 한 송이 그 미소'로 떠 올리고 있다. 석가 세존이 제자들을 모아놓고 연꽃 한 송이를 들고 불법을 설교하였다. 그때 다른 제자들은 알아듣지를 못하였으나 가섭(迦葉) 제자만은 그 뜻을 깨닫고 빙그레 미소를 지었다. 이것이 '염화시중(拈花示衆)의 미소'다. 곧 어떤 경전이나 언어에 의하지 않고 이심전심(以心傳心)으로 전한다는 뜻이니 여기서 시인은 가섭(迦葉)의 경지에 들었음인가? 작품의 종장에서 '어둠에 꽃등을 달자'고 부르짖는다. 불법은 각자(覺者)요, 번뇌를 버리고 안정을 찾는 이 곧 깨달음이라 하였다.

'공(空)으로 떠오른 달' 색즉시공 공즉시색(色卽是空 空卽是色)이니 이 세상 만물은 공허(空虛)일 뿐 그 달빛을 꺾어서 무엇 하리. 연꽃처럼 자기를 비우고 태우고자 하는 불심(佛心)을 노래한다. 깊은 불심을 비유한 달빛 사랑, 연꽃 사랑을 담은 가락이 잘 다듬어진 시조 미학으로 빛나고 있다.

>하늘을 믿는 것도 천형의 죄라서
>남도의 붉은 땅 끝자락에 닿으니
>싸늘한 유배의 바람 해도 뚝뚝 지는 밤
>
>좌절과 슬픔의 땅 한기 드는 시절에
>사람이 그리운가 다산초당 나서니
>백련사 차와 동백향 바장이던 사색의 길
>
>붓질도 천 번이면 강물이 흐른다지
>복사뼈 세 번이나 구멍이 뚫리도록
>천주의 멍에를 지고 실사구시 꿈꿨네
>
>이 시대 매 들자는 수령인가, 백성인가
>다향(茶香)에 익힌 생각 목민의 꿈 일으켜
>궁벽한 다산초당에서 새 시대를 그렸네.
>　　　　　　　　　— 「다산초당에서」 전문

박시인은 충남대 대학원에서 다산 정약용의 『목민심서』를 연구하여 논문을 쓰고, KBS-1TV에 출연한 바 있는 다산학(茶山學) 연구자이다. 어느 날 박시인은 우리나라 남도 끝자락에 위치한 전남 강진 다산(茶山) 정약용(丁若鏞)의 유배지인 다산초당(茶山草堂)을 둘러본다. 다산초당은 다산 선생이 40세 때인 1801년(순조 1년) 천주교 탄압인 신유사옥(辛酉邪獄)사건에 연루되어 강진으로 유배되어 18년을 머물면서 실학(實學)을 집대성한 '실학사상의 산실'로 이곳에서 제자를 가르치고 『목민심서(牧民心書)』 등 500여 권의 저서를 집필한 다산 실학의 성지이다.

　다산초당 근교엔 만덕산으로 둘러싸인 백련사(白蓮寺)가 있다. 차와 동백꽃으로 이름난 이 사찰 길을 가끔은 대학자 다산은 혼자 거닐면서 유배생활에서 오는 좌절과 슬픔을 달래면서 깊은 사색에 잠기기도 하였으리라. 때로는 붓질도 천 번, 복사뼈 세 번이나 구멍이 뚫리도록(과골삼천·踝骨三穿) 학문을 탐구 연찬하여 실사구시를 일군 역사의 증인으로 불후의 대표작 『목민심서(牧民心書)』를 집필한다. 공자가 『주역』을 읽다가 가죽 끈이 세 번 끊어졌다는 위편삼절(韋編三絶)이 생각나는 시상(詩想)이다.

　이 작품은 다산의 유배생활 18년간의 방대한 평전을 4수의 연시조로 압축한 작품으로 역사의 현장, 인간문화재를 재조명하는 중요한 기회를 독자들께 제공하고 있다.

주막의 한 노파가
무슨 꿈이 있으련만
나라의 죄인이라
모두들 피하는데
강진만
따뜻한 마음
보듬고 돌았네.

노파의 마음속에
천주님이 계셨을까
서로가 죄인 되어
가슴조인 저승의 꿈
한두 평
뒷방을 주고
하늘을 보았으리.
— 「강진 사의재(四宜齋)에서」 전문

  작품 「강진 사의재에서」 전문이다.
  사의재는 강진에 있는 주막 이름으로 당시 나라의 죄인을 누가 거들떠 보았으랴? 모두들 피하였으나 주막집 노파의 도움으로 다산은 4년간 이곳에 머물면서 마음의 안정을 찾고, 제자를 가르치며 『경세유표』 등을 저술했던 이곳 또한 다산 실학의 성지 중 하나이다.
  다산은 이곳을 ① 맑은 생각 ② 엄숙한 용모 ③ 과묵한 말씨 ④ 신중한 행동을 해야 할 방으로 사의재(四宜齋)라 했다고 전해진다. 노파는 어진 마음으로 다산에게 뒷방을

내주고 천주님을 섬기면서 죄인 정약용을 한국의 다산 정약용으로 키운 고마운 분이라 믿어진다.

5. 結語

시조시인이자 유머리스트인 박봉주 시인은 웃음기가 많은 사랑시인이다.

사랑은 만유(萬有)의 근본이며 인류가 추구하는 최고의 덕목(德目)이다. 사랑처럼 숭고하고 거룩하며 존엄한 것 또 있을까? 그러기에 성경에서도 믿음, 소망, 사랑, 이 세 가지는 항상 있을 것인데 그 중의 제일은 사랑이라 하지 않았는가?

이 시조집『광화문 촛불』은 시대의 아픔을 치유코자 하는 진정 나라사랑의 노래요, 시인이 태어난 설악(雪嶽), 고향 사랑이며, 거주하고 있는 대전 사랑 그리고 우리 고장 역사와 문화, 예술의 영역까지 아우르는 달빛 사랑, 또한 실학의 대가 다산(茶山) 사랑의 노래였다. 이 사랑의 노래는 독자들로부터 틀림없이 각광을 받으리라.

이러한 노래들을 박시인은 시조라는 정형의 그릇에 담아 법고창신(法古創新), 곧 전통을 따르되 새로워야 한다는 정신으로 자기 특유의 개성을 발휘하여 시조를 시조로 쓰지 않고 예술작품으로 잘 구워내고 있었다. 요즈음 자유시가 시 고유의 특성을 잃고 산문성, 난해성으로 치달아, 독자가 이해 못할 정도로 방만해지고 있음은 참으로 안타까운 일이 아닐 수 없다. 때를 같이하여 우리 시조가 현대시의 미래라는 희망적인 긍지를 갖고 창작에 임하여야 할 것이다. 정형시라는 시조는 전통 형식을 살리면서 현대를 살아가는 현대인의 감각을 접목하여 '시(詩) 중의 꽃'으로 한 굽 올려놓아야 할 시대적 사명을 박봉주 시인이 그 중심에 서서 견인차(牽引車) 역할을 할 것으로 기대한다.

'가장 세계적인 것은 가장 민족적인 것이라 했다.' 우리 문화, 우리 문학, 우리 시조를 세계화해야 할 긴박한 시점에서 국민 모두는 시조를 더욱 사랑하고 관심을 가져야 할 것이며, 시조시인들은 치열한 정신으로 시조를 더욱 갈고 닦아 명품(名品)을 생산함에 최선을 다해야 할 것이다.

모쪼록 180년 전 오늘, 다산 정약용이 고민했듯이 다산 사상이 깊이 밴 공직자 박봉주 시인의 나라 사랑 고민 『광화문 촛불』이 시대의 아픔을 위로하고, 미래를 인도하는 등대이기를 진심으로 기대한다.

광화문 촛불
박봉주 시조집

발 행 일	|	2017년 5월 31일
지 은 이	|	박봉주
발 행 인	|	李憲錫
발 행 처	|	오늘의문학사
출판등록	|	제55호(1993년 6월 23일)
주 소	|	대전광역시 동구 대전로 867번길 52(한밭오피스텔 401호)
전화번호	|	(042)624-2980
팩시밀리	|	(042)628-2983
전자우편	|	hs2980@hanmail.net
카 페	|	cafe.daum.net/gljang(문학사랑 글짱들)
		cafe.daum.net/art-i-ma(아트매거진)
공 급 처	|	한국출판협동조합
주문전화	|	(070)7119-1752
팩시밀리	|	(031)944-8234~6

ISBN 978-89-5669-817-5
값 10,000원

ⓒ박봉주.2017

* 이 책은 교보문고에서 E-Book(전자책)으로 제작·판매합니다.
* 잘못 제작된 책은 바꾸어 드립니다.
* 이 책은 대전문화재단 과 대전광역시 에서 사업비 일부를 지원받았습니다.